AF591682

MÉMOIRE

SUR LES MOYENS D'ASSURER

LA SUBSISTANCE

DES TROUPES

ET DU PEUPLE,

PAR MM. THOMAS ET WITTERSHEIM.

A PARIS,

CHEZ
- DONDEY-DUPRÉ, Imprimeur-Libraire, rue St.-Louis, N°. 46, au Marais; et rue Neuve St.-Marc, N°. 10, près le Théâtre Italien.
- DELAUNAY, Libraire, Palais Royal, galerie de bois.

1817.

MÉMOIRE

SUR LES MOYENS D'ASSURER

LA SUBSISTANCE

DES TROUPES ET DU PEUPLE,

PAR MM. THOMAS ET WITTERSHEIM.

JUSQU'A présent, l'on s'est longuement et vivement agité pour découvrir le meilleur mode de fournitures en pain et fourrage aux armées, et en général, aux troupes de terre et de mer. L'on a passé succesivement d'un système à un autre, en reprenant quelquefois, à la fin d'une année, celui qu'on avait abandonné au commencement.

Tantôt on confiait la fourniture à une compagnie moyennant des conditions fixes; tantôt c'était une régie pour le compte du Gouvernement; l'on passait ensuite à une régie intéressée; enfin on l'abandonnait pour remettre la fourniture aux corps qui se chargeaient respectivement d'acheter ce qu'ils consommaient.

L'on a aussi essayé de faire fournir partiellement, par département, par arrondissement, par garnison.

Ces divers moyens semblent cependant les seuls dont on puisse faire usage pour la répartition des subsistances, et même de toutes les fournitures nécessaires à la troupe. Pris individuellement, ils sont tous bons, relativement. Qu'on en écarte les abus, ils peuvent tous être employés à la fois, savoir: tel système dans telle contrée ou telle section du royaume; tel dans une autre partie du territoire; mais l'avidité, mais la concurrence, mais les passions mises en jeu, viendront troubler l'harmonie et feront naître de grands désordres.

Le mode des fournitures a toujours dépendu des ministres; chacun ordonnait dans sa partie. On en a vu fort peu qui cherchassent les meilleurs moyens; ils adoptaient ceux qui convenaient le plus à leur intérêt. Il était donc rare qu'un nouveau ministre laissât en place une compagnie, ou qu'il ne changeât pas le mode en usage sous son prédécesseur. Sans cela il n'aurait pas joui des avantages qu'il recherchait, et ses nombreuses créatures n'auraient pas pris la place de celles qui étaient en exercice.

N'a-t-on pas vu, sous un même ministre, qu'une

compagnie commençant avec lui, avait été obligée de faire place à une autre? Non qu'il eût une raison légitime de renvoyer la première, mais parce que de nouveaux fournisseurs apportaient de nouvelles contributions.

Un ministre, conduit par l'amour de l'argent, a mille moyens de forcer une compagnie à abandonner son service; elle ne peut le continuer que par des recettes régulières aux époques déterminées. S'il y a suspension dans les payemens, elle ne peut pas satisfaire à ses engagemens envers les vendeurs, et l'on cesse de lui fournir des denrées; le service est en souffrance, et voilà un grave prétexte de plainte, une raison décisive de renvoyer la compagnie.

Ces renvois ont été très-fréquens, et l'on en connaît la raison.

Tant de changemens dans le mode de fourniture, ou dans les compagnies, ont toujours été fort onéreux au Gouvernement; mais ils ont aussi grévé sensiblement l'intérêt du peuple.

Le passage d'une compagnie à une autre a été rarement sans un intervalle plus ou moins long. Il faut, en attendant, qu'une nouvelle compagnie soit en mesure, que le service n'éprouve pas d'interruption; l'on passe donc des marchés d'urgence. En général, ils sont fort chers, parce que les fournisseurs provisoires ne trouvant rien dans les magasins, sont obligés de précipiter leurs achats; les vendeurs qui connaissent l'urgence des besoins, s'en prévalent pour mettre à leurs denrées un prix exhorbitant qu'on est forcé de payer. Cette augmentation s'étend sur tout le commence, et le taux ne décroît jamais aussi vîte qu'il s'est élevé.

Chacune de ces spéculations d'un ministre coûte plusieurs millions par mois au Gouvernement, et fait sortir beaucoup plus de la bourse des particuliers.

En 1816, on a vu la compagnie Boubée chargée d'un grand service ; elle avait un prix raisonnable pour le tems où ses engagemens ont été contractés; mais l'intempérie de la saison à forcé les entrepreneurs à demander une augmentation ou la résiliation. Des marchés d'urgence ont été ordonnés par les ministres; cette seule transition de la compagnie Boubée à la régie actuelle a coûté des sommes considérables au Gouvernement, et a fort pesé sur le commerce en général.

Si le ministère eût voulu, dès la première apparition des simptômes de la hausse, fournir quelqu'appui à la compagnie Boubée, et porter seulement la ration à 35 sous, ainsi qu'elle le demandait; il en eût coûté trois à quatre millions au plus au trésor, tandis qu'il se trouve grévé jusqu'aujourd'hui de plus de 15 millions. L'on voulait donc que la chose allât ainsi; car la raison et la justice réclamaient en faveur de cette compagnie un dédommagement des sacrifices sous le poids desquels elle a enfin succombé.

On a besoin d'une grande méditation pour concevoir comment la fourniture aux troupes peut influer sur la totalité du commerce du royaume. En définitif, il ne s'agit d'alimenter que 2 ou 300,000 hommes et 40 ou 50,000 chevaux. Ce n'est qu'une faible fraction de la consommation générale. Il est cependant très-vrai que cette fourniture devient un levier assez puissant pour remuer tout le commerce et souvent lui servir de régulateur.

La multiplicité des agens employés aux achats, la diversité des intérêts, la jalousie, telles sont les causes qui agissent sur les prix du royaume.

Qu'une même compagnie soit chargée de toutes les fournitures, si elle ne se dirige pas par une unité d'action, elle tombe nécessairement dans le danger qu'offrirait une concurrence étrangère à son service. Ainsi sa propre concurrence lui nuit à elle-même; c'est ce qui semble impliquer contradiction.

Pour que cette unité d'action produise ses avantages, il faut que tous les ressorts soient dans la main de la compagnie, sur toute la surface du royaume. Si elle emploie l'entremise des sous-traitans, elle crée contre elle une concurrence qui détruit l'harmonie de son système d'opération. Ces sous-traitans ont naturellement moins d'avantage que la compagnie ; ils veulent cependant faire des bénéfices. En général ils ne s'entendent pas entr'eux ; une rivalité dans les achats avertit les fermiers qu'ils peuvent avec confiance se prévaloir d'une augmentation.

Bientôt ces sous-traitants s'aperçoivent qu'ils ne peuvent rien gagner sur les marchés, et que pour ne pas perdre, il faut employer quelque fraude; elle se porte sur les livraisons ; celui qui consomme n'a donc qu'une partie de ce qui lui revient. L'abus va en croissant, les plaintes s'élèvent, elles retombent sur la compagnie.

L'instabilité des sociétés de fournisseurs, est une suite nécessaire du mauvais choix que l'on en fait. L'on donne les marchés, non à ceux qui ont le plus d'expérience et de solidité, mais à ceux qui offrent les conditions les plus avantageuses à leurs protecteurs; cette dernière considération l'emporte trop souvent sur toute autre.

N'avons-nous pas eu sous les yeux à plusieurs époques le scandale d'accusations, contre des hommes dont on signalait l'extrême bassesse, pour des marchés qui ne s'étaient obtenus que par d'énormes sacrifices ? Les traitans qui n'avaient nulle certitude de pouvoir conserver leur service plus d'une année, devaient se hâter de se couvrir de leurs avances. En définitif, quelle est la partie souffrante ? c'est le Trésor public.

Celui qui a assez d'autorité pour nommer une compagnie, et qui met à sa protection une condition sordide, se couvre de mépris, sans doute; ceux qui sont investis d'emplois à l'aide d'une telle manœuvre, méritent le sort que quelques-uns ont éprouvé, en voyant leur ruine dans la suspension ou la mise à l'arriéré des valeurs de leurs fournitures. Ces exemples, quoiqu'en grand nombre, n'ont pas servi à corriger les hommes.

Quand le hasard donne de bons ministres, des ministres qui ne voient dans leurs attributions que l'obligation de faire le bien public, toute institution pour les subsistances est dirigée vers son but le plus utile. Les hommes sont protégés s'ils remplissent loyalement leurs fonctions, et ils savent qu'aux échéances on les payera; ils prennent le tems de poser de bonnes bases à leur service. Le Gouvernement dépense beaucoup moins, et les fournitures vont mieux,

Il n'y a pas de doute que parmi les moyens divers, employés pour la subsistance, il n'y en ait qui méritent la préférence. Si nous jetons les yeux sur les systèmes employés depuis un siècle, et si nous pouvons désigner positivement celui qui a été le plus longtems mis en pratique, nous le présenterons aux regards du Gouvernement, avec la confiance qu'il le jugera le plus digne de son choix; mais dans la fixation de ce terme d'un siècle, nous ne ferons point entrer le tems de la révolution, non pas par un préjugé, mais par une pensée toute simple; c'est que les diverses formes de Gouvernement qui se sont succédées, et les désordres que des révolutions amèuent, ont dû nécessairement produire de l'instabilité dans les institutions et daus les compagnies.

Nous voyons que la fourniture a été faite pendant les 3/4 du siècle dernier, par des compagnies à qui l'on accordait un prix fixe pour chaque ration; ce prix se réglait chaque année.

Il y avait une compagnie pour les vivres pain, et une compagnie pour les fourrages. Ces sociétés ont presque toujours été composées d'hommes recommandables par une profonde expérience et par un caractère de probité. Ces emplois devenaient en quelque sorte héréditaires, même dans les fonctions subalternes, de manière que la science de la chose devenait le seûl titre pour être admis.

L'ou ne prétend pas attacher à cette sorte d'hérédité l'idée d'un privilège. Rien ne le consacrait; la compagnie choisissait les employés là où elle trouvait du savoir.

En tems de paix, les béuéfices étaient bornés. L'on a vu cependant des fortunes considerables entre les mains de fournisseurs; mais elles provenaient des affaires faites aux armées.

C'est donc à cette forme de société que la raison adjuge la préférence, et nous allons montrer si par la conduite qui lui a valu sa durée, elle doit continuer à obtenir les suffrages du Gouvernement.

La compagnie des subsistances n'a toujours joui que d'une quotité extrêmement modique à la ration; si elle n'eût eu que des approvisionnemens tels que les avaient les entreprises depuis environ 30 ans, elle eût été dans l'impossibilité de se soutenir; mais en général, ses magasins étaient fournis abondamment; toutes les denrées étaient de la meilleure qualité. Elle avait donc toujours de vieux grains, toujours des farines reposées; c'est delà qu'elle tirait ses premiers avantages, et les consommateurs la satifaction de jouir d'alimens sains.

Mais les approvisionnemens devenaient une source de tranquillité et de bénéfices. L'on achetait dans les années abondantes, et par cette sage réserve, les mauvaises années n'étaient pas un poids difficile; dans les années ordinaires et dans les mauvaises, elle profitait de la différence du prix courant d'avec celui de ses achats antérieurs.

Cette compagnie a rendu les plus grands services à la société; elle prévenait la hausse exorbitante des grains, et par conséquent, du pain, en faisant vendre elle-même de ses grains sur les marchés, et les livrant à un prix modéré; elle devenait donc le régulateur des marchés; c'est sa prudence consommée, c'est son désintéressement, qui lui ont valu la protection et la considération des souverains, et l'estime générale du public.

Qu'est-il besoin de discuter cette question si long-tems proposée, pour déterminer quel est le mode le plus convenable de faire fournir les subsistances, lorsqu'on a devant soi un exemple aussi imposant.

Nous ne pensons pas toutefois qu'une pareille société pourrait aujourd'hui réunir autant d'avantages; les circonstances ne sont plus les mêmes. Avant la révolution il y avait plus de fermiers que de cultivateurs; actuellement il y a beaucoup plus de cultivateurs que de fermiers: c'est sans doute un très-grand bien pour l'Etat, et ce bien serait au comble, s'il n'y avait que des cultivateurs. Cette opinion ne sera pas celle de tout le monde; nous l'éclaircirions par tous les renseignemens qu'elle suggère, si cette discussion n'était pas étrangère à notre sujet.

Quand presque toutes les terres étaient en fermes, les fermiers devaient aux époques déterminées, payer le prix des baux; en général, ce payement se faisait vers la St.-Martin. Beaucoup de grains se présentaient à la fois sur les marchés;

c'est le tems où ils étaient au plus bas prix. Les munitionnaires généraux achetaient, et souvent même ils faisaient aux fermiers des avances pour les frais de la moisson, et pour couvrir d'autres dépenses.

Aujourd'hui, les cultivateurs, dont la plupart étaient autrefois de simples fermiers, sont propriétaires, et ils n'ont pas besoin de se presser de battre ni de vendre pour payer un canon; ils attendent des circonstances favorables pour envoyer du grain sur les marchés.

Les approvisionnemens deviennent donc plus difficiles et plus couteux; les commerçans en grains à qui, sans exception, l'on prodigue si légèrement et souvent si injustement, l'odieuse épithète de monopoleurs, sont bien loin d'aspirer à gagner comme ils le faisaient autrefois; mais on laisse croire au peuple que c'est à cette classe d'hommes que se rapportent les malheurs d'une situation qui souvent est l'effet de l'imprévoyance ou de l'impéritie. L'on devrait au moins se garder de faire des victimes pour avoir une occasion de les signaler à l'indignation publique : c'est ce qui vient d'avoir lieu tout récemment dans le voisinage de la France, et ce qu'on ne cesse de répéter chez nous.

Une compagnie de traitans en subsistance, ne serait pas moins d'une extrême importance pour l'Etat et pour la société; le Gouvernement, aprés l'avoir choisie, devrait l'environner de considération et de crédit; en employant à la soutenir une partie des sacrifices qu'il est obligé de faire assez souvent, il s'en formerait un abri contre de nouveaux dangers.

Si une telle compagnie eût existé l'année dernière, eût même commencé dans un des mois qui ont précédé les simptômes d'une si fâcheuse récolte, la France n'eût souffert qu'une faible partie des maux qui l'ont accablée. Ces traitans pouvant de bonne heure prévoir l'insuffisance des ressources de notre territoire, eussent de suite fait des commandes chez l'étranger; elles ne lui eussent alors couté que le prix courant, et ils avaient le tems d'effectuer les transports sans embarras, sans entraves.

Nous avons prévu les maux qui se préparaient, et nous avons indiqué divers moyens de les atténuer; mais la faible voix de particuliers est rarement écoutée.

Dans notre position il eût suffi dès le mois de septembre de faire un appel au commerce; il n'y avait point d'avances à donner; mais seulement de la protectiou à promettre; et si l'on eût voulu élever une grande concurrence, il fallait assigner et garantir un fond, et en promettre la distribution à ceux qui feraient venir des denrées à un prix que l'on aurait limité; en moins de trois ou quatre mois l'on aurait eu plus de grains qu'il n'en eût fallu, et l'excédent ne serait pas encore perdu aujourd'hui, ni même de trop.

C'était donc l'unique moyen d'obtenir des ressources à un prix modéré.

Nous devons être dispensés de parler des autres modes de fournir la subsistance. L'on ne doit pas se dissimuler que cette société ne rendrait des services réels, qu'autant qu'elle serait composée de personnes recommandables par leur science et leur mérite personnel, qu'autant que ces personnes trouveraient dans le traité les moyens de garantie de leur service, et qu'elles pourraient aussi compter sur la durée d'un exercice de six à neuf ans.

Sans ces conditions, sans la certitude qu'elles seront maintenues, des traitans n'agiraient qu'en tremblant; ils ont besoin de confiance, de crédit; le seul soupçon que l'on pourrait troubler leur jouissance, leur fermerait les bourses, rendrait méfians ceux qui auraient des denrées à vendre. Les uns et les autres ont été si souvent trompés, qu'ils craindraient de l'être encore.

Que l'on rétablisse une telle compagnie, nous pouvons répondre que le service des subsistances coutera considérablement moins qu'il ne couterait par tout autre régime, que les consommateurs seront beaucoup mieux traités; que l'on ne verra pas se reproduire le scandale des nombreuses procédures qui fournissent tant d'aliment aux tribunaux; enfin la morale publique ne sera plus offusquée des scènes de dilapidation et de friponnerie.

L'on ne fera plus un trafic honteux des pièces de fourniture, des ordonnances de paiement qui se négociaient sur la place comme des marchandises avariées.

Le papier des fournisseurs, si souvent trompeur, si souvent frauduleux, ne compromettra plus la fortune de ceux qui l'achètent.

L'on nous objectera peut-être qu'une telle compagnie devant être bornée aux fournitures à la troupe, ne devra, ne pourra rien faire au-delà des conditions de son traité, qu'elle ne travaillera que pour elle et dans son seul intérêt, et qu'elle sera impuissante pour servir la chose publique, quand les circonstances pourraient faire réclamer son appui.

En supposant qu'elle n'offre que le mérite de faire ses fournitures à un prix modéré et toujours loyalement, ce serait déjà beaucoup; le Gouvernement aurait ce point de tranquillité, et toute la besogne des bureaux des ministres, à l'égard de ce service, se réduirait à la vérification de quelques bordereaux par mois ou par trimestre. Il est facile de se mettre sous les yeux les formes de comptabilité des anciens munitionnaires généraux; l'on verra avec bien de l'étonnement, par leur extrême simplicité, combien elles abrégeaient le travail, sans pour cela nuire à la clarté et à la solidité des opérations.

Nous avons déjà laissé apercevoir que la compagnie des subsistances n'aurait pas aujourd'hui les mêmes facilités qu'avait l'ancienne; mais ce n'est pas dire qu'elle ne pourrait rien faire d'utile dans les circonstances, pour la chose publique. Nous pensons au contraire qu'elle aurait, dans une position aussi solide que nous la désirons, des moyens faciles de déjouer de coupables spéculations, et qu'elle se rendrait un organe utile des transactions commerciales en subsistances.

L'on ne doit pas craindre que ses efforts se dirigent par des vues contraires à l'intérêt du commerce et de l'agriculture; elle servira de régulateur d'accord avec le Gouvernement, pour maintenir les prix des grains, à un taux assorti aux charges publiques; elle préviendra la surhausse, comme une baisse décourageante.

Nous concevons que pour jouer ce rôle et le soutenir, la compagnie aurait besoin de capitaux considérables, et d'un grand crédit.

Supposons qu'elle soit chargée de nourrir 300,000 hommes, et qu'il faille qu'elle se crée une réserve d'une année, il lui faudrait environ 15 à

20 millions. Cette valeur existerait réellement dans ses magasins placés sur tous les points de la France.

Ce serait sans doute trop peu pour offrir l'ascendant nécessaire sur la généralité du territoire, eu égard à l'énorme masse des subsistances mises en circulation chaque année dans le royaume, si ces valeurs se trouvaient subdivisées entre nombre de capitalistes agissant individuellement et en concurrence entr'eux; mais au cas particulier et avec l'existence d'une unité d'action, l'on aurait un levier puissant, et qui suffirait pour opérer de grands effets.

Si cependant ce moyen ne paraissait pas assez grand pour son objet et pour les suites que nous lui assignons, il pourrait s'en trouver d'autres qui concourussent avec celui-là.

Nous devons dire que nous desirons parvenir à des moyens qui assurent la subsistance du peuple et qui le garantissent des suites fâcheuses d'une cruelle année.

Selon cette intention, nous avons présenté un plan dès le mois de juin dernier pour la subsistance de la ville de Paris. Il a d'abord été accueilli favorablement et l'on n'a pas pu se dispenser d'y reconnaître des caractères de justesse et d'utilité; mais lors de la discussion, on a cru y voir des inconvéniens relativement au commerce.

Nous proposions donc de former à Paris et dans les magasins du voisinage, une réserve d'une année, et de l'entretenir constamment sur ce pied; de conserver notre traité pendant 15 ans; de livrer, dès 1818 et pendant les 15 années, le pain de 4 liv. au prix fixe et invariable de 65 cent. ou 13 sols.

Pour la garantie de notre service, nous offrions le cautionnement de maisons solides qui auraient fait toutes les avances; nous proposions d'ouvrir un emprunt qui aurait eu sa garantie dans les grains emmagasinés et dont nous n'aurions pu toucher de valeurs qu'au *prorata* de celles des grains ou des farines mises en magasin.

Nous demandions d'être autorisés à tirer de l'étranger l'approvisionnement de la première année seulement ou plutôt d'une année de réserve, ce qui n'aurait pas empêché que pendant cette année l'on ne consommât des grains et des farines de France dans la même quantité qu'à l'ordinaire.

Sur cette dernière disposition, l'on a objecté que cette extraction occasionnerait un transport d'espèces à l'étranger, et qu'elle était inadmissible dans la circonstance où nous allions jouir d'une abondante récolte; qu'au surplus, l'administration publique avait des moyens plus certains de prévenir le surhaussement du prix du pain à Paris.

Ce premier plan a été rejeté : nous en avons

remis un second, basé sur des dispositions très-différentes du premier.

Nous offrions de former une réserve de 50,000 sacs de farine, qui n'auraient été reçus dans les magasins qu'après une inspection faite par des membres du syndicat des boulangers de Paris; nous demandions aussi l'autorisation à tirer de l'étranger une partie de l'approvisionnement, et seulement pour la première année.

Nous nous engagions de vendre nos farines à la halle, concurremment avec celles du commerce; nous établissions un *maximum* de prix, et un *minimum* à la vente : les farines venant à excéder le *maximum*, nous nous engagions à livrer les nôtres aux boulangers à ce prix du *maximum*. Lorsqu'elles seraient descendues au *minimum*, nous nous interdisions la vente, mais nous demandions l'autorisation à en faire l'exportation.

Au moyen de ces différentes mesures, le pain ne devait pas et ne pouvait pas se vendre à Paris au delà du rapport du *maximum*, ni au dessous de celui du *minimum*.

Ce dernier projet n'a point eu de suite, et l'on ne s'en est point occupé.

Nous ne croyons pas devoir entrer dans d'autres détails, puisque ces deux plans paraissent contraires aux vues de l'administration, qui, comme elle l'a annoncé, de meilleurs moyens de parvenir au but auquel nous voulions arriver.

Nos deux propositions ayant été écartées, sommes-nous pour cela dispensés de revenir sur leur objet, non pour nous, mais pour le public? si nous ne représentons pas les mêmes moyens, nous tâcherons d'en indiquer qui puissent assurer un jour la subsistance générale, et nous garantir pour toujours du retour des calamités qui ont si lourdement pesé sur la France de 1816 à 1817. Leur influence même agit encore aujourd'hui, mais, à la la vérité, d'une manière moins funeste. Cependant quoique beaucoup moins gênés, nous ne devons négliger aucune des précautions qu'une sage prévoyance commande impérieusement.

Nous avons une année passable dans les récoltes de 1817, mais il ne nous restait presque plus rien; que sera 1818? nous l'ignorons. Faisons donc ensorte d'avoir quelques approvisionnemens en grains de l'extérieur; et ne soyons pas à cet égard retenus par la crainte puérile de l'exportation de quelque partie de numéraire. Nous pouvons au surplus assurer qu'une fourniture de grains importés présenterait aux étrangers une occasion de plus de rechercher notre papier. Nous ne leur enverrions peut-être pas pour cette opération un écu numéraire.

Nous devons aussi observer que la mesure de

tirer de l'étranger une certaine quantité de grains, nous paraît la seule capable de faire baisser le prix des nôtres. L'abondance n'est pas telle qu'on puisse espérer rompre les calculs des spéculateurs dans cette partie. D'ailleurs comment faire la loi à ceux qui tiennent les denrées? Ils savent, mieux que nous, quelles sont nos ressources. Ils jugent bien qu'on ne peut pas se passer d'eux. Rien ne les presse; ils ont de l'argent, ils sont riches.

Il n'est peut-être pas inutile de parler de l'effet qu'a produit l'acte du gouvernement, qui a établi une prime sur les grains qui seraient tirés de l'étranger. Il semblait qu'à la faveur de cet encouragement, on dût s'attendre à des résultats extraordinaires. Quelques maisons de commerce, des sociétés même, ont aussitôt formé de grandes commandes; mais la prime ayant été connue de suite chez l'étranger, on a vu ses grains augmenter considérablement dans les marchés. Enfin la multiplicité des commandes a fait ouvrir les yeux aux autorités étrangères; elles ont défendu la sortie par leurs états; les transports par terre ont donc été prohibés de bonne heure, et la ressource sur laquelle nous comptions, a été perdue pour nous.

Ce n'est donc que par la mer que nous avons pu tirer des grains. Ceux que le commerce a pu se procurer, ont faiblement allégé notre détresse. Les spéculateurs ayant joui de la prime, elle leur a servi à combiner leurs opérations à la vente; leurs grains revenant moins cher par la jouissance de cette prime, ils ne les ont pas moins vendus au taux le plus élevé. Le peuple n'a pas profité de cette différence; il n'y a donc eu que des grains de plus, mais non un prix moins élevé sur le marché.

En général, ce n'est pas le pain qui a manqué, mais bien l'argent pour se le procurer; car toute personne qui pouvait le payer, était assurée d'en avoir autant qu'il lui en fallait, et même de la première qualité.

Dans la plupart des villes où l'on avait formé des magasins de prévoyance ou plutôt de bienfaisance, l'on avait encore, lors de la moisson dernière, une grande partie des grains et des farines achetées à si grands frais; la consommation n'a pas pû répondre à l'étendue des achats, parce que coûtant fort cher, il a fallu vendre fort cher, et le peuple ne pouvant pas payer la taxe du pain, était obligé de s'en passer et de vivre d'alimens grossiers, mais qui lui coûtaient moins.

Les grains qui sont restés, sont devenus une charge et même l'objet d'une perte assez considérable, pour ceux qui ont eu la générosité de les faire venir; car ils n'avaient d'autre intention que de diminuer le malheur de l'indigence, en vendant

BIBLIOTHÈQUE ROYALE

au prix de leurs marchés, et en bornant le bénéfice au plus faible intérêt de leurs capitaux avancés; ces citoyens, partout où de semblables mesures ont été réalisées, méritent la reconnaissance publique pour un si noble dévouement.

Que manquait-il donc à la France dans une si déplorable situation? un agent intermédiaire entre le commerce et les consommateurs, pour régulariser la vente, de manière à ce que l'alarme générale ne pût pas devenir une source d'oppression. Cet agent régulateur ne pouvait se trouver que dans une compagnie solide et protégée, ou dans le gouvernement.

Cette compagnie n'existait pas à l'époque de la récolte de 1816. Celle qui était chargée de la subsistance des troupes, ne pouvait guère s'occuper que de ses fournitures; son service s'est fait dans les tems les plus difficiles, avec une régularité digne des plus grands éloges; si dès le mois d'août l'on se fût avisé de l'investir d'une plus grande confiance, et d'appuyer ce témoignage par des propositions analogues aux circonstances, elle eût pu sans doute opérer une partie des avantages que réclamait la situation actuelle.

En lui ouvrant un crédit assuré de quinze ou vingt millons seulement, dès le mois de septembre (l'on pouvait même plutôt en prévoir le besoin), cette compagnie faisait de grands achats de grains, au plus à 30 francs le setier dans les contrées fertiles des environs de la Capitale; en même tems, elle formait des commandes dans plusieurs pays étrangers les plus contigus à nos frontières de terre : ces opérations n'eussent éprouvé aucune difficulté.

On n'a pas eu recours à ce moyen, et on a laissé la compagnie existante bornée à son service.

C'était donc au gouvernement, ou plutôt au comité des subsistances, par l'ordre du ministre, à pourvoir de bonne heure aux mesures convenables; il a fait acheter, mais trop tard. Les prix se sont élevés partout très-haut; on n'a plus été maître de les faire tomber; les grains se serraient, parce que les cultivatenrs espéraient un plus grand prix; les magasins se vidaient, on le savait; les commandes à l'extérieur n'étaient pas près de se réaliser; enfin, au mois de décembre, l'on s'est trouvé dans le plus cruel embarras: il a fallu acheter à tout prix.

Si nous rappelons des faits passés, un mal qui n'a plus de remède, c'est que nous croyons ces détails utiles; c'est dans le passé que nous trouvons presque toujours des règles sûres pour l'avenir.

Nous sommes bien convaincus que l'on pouvait beaucoup atténuer les effets du mal. Peut-être qu'à l'aide d'un recensement général, qui n'est jamais difficile, ni d'un long travail, lorsque des mesures sont sagement ordonnées, on se fût procuré une grande sécurité, en découvrant la suffisance de nos moyens effectifs sur notre seul territoire.

Nous avions encore quelques restes de la récolte précédente. On sait que dans beaucoup de départemens, les grains étaient passablement abondans en 1816. L'intempérie de la saison en a gâté quelques parties; mais enfin il n'en est pas resté dans les champs; beaucoup de fermiers ont avoué qu'ils avaient autant de gerbes que dans une année ordinaire; que le seul mal était dans le défaut de qualité; mais le tout a été vendu, le tout a été consommé; on a commencé par les plus mauvais.

Ce recensement eût fixé l'attention sur les mesures à prendre ultérieurement. Il n'y avait pas encore d'alarme dans le mois d'octobre; si l'on eût acheté avec précaution dans les départemens les mieux fournis, on pouvait espérer de soutenir les prix à un taux modéré, jusqu'au moment où il eût été possible de recevoir d'abord les grains achetés chez nos voisins les moins éloignés, et successivement ceux qui venaient de plus loin.

Enfin nous sommes persuadés qu'au ministère de l'intérieur on sait approximativement quelle est la masse de grains ou de farines des achats extérieurs, qui existaient en France, à l'époque où les produits de la récolte de 1817 ont pu être mis en consommation : il est au moins facile à cette autorité de se procurer ces renseignemens. En combinant ce que nous en avons aperçu, et en rapprochant, par analogie, cet aperçu des parties qui nous sont inconnues, nous pouvons juger qu'il y avait une ressource suffisante pour plusieurs mois, surtout en réunissant ce qui restait de nos propres grains épars dans les départemens.

On pourra voir que ce n'est pas la chose qui a manqué, mais seulement le moyen pour se la procurer; et que ce n'est que par là que le peuple a souffert en France, et peut-être dans toute l'Europe.

Nous devons dire aussi quelque chose de l'influence de la misère publique sur le trésor de l'État. Il n'y a pas de doute que l'on n'ait eu de grands sacrifices à essuyer pour venir au secours des départemens; et qu'indépendamment de ces sacrifices, il n'y ait eu un *déficit* considérable dans la recette des contributions de toute nature.

En laissant Paris à part, on ne croit pas exagérer si l'on établit le prix moyen du pain en France, à raison de 8 sous la livre, pendant près de huit mois. Pour pouvoir vivre bien chétivement, le peuple a été forcé de vendre tout ce qu'il avait; il ne lui est pas resté de quoi faire face à ses contributions. Dans les pays vignobles, la misère la plus grande s'est fait sentir. Point de vin à vendre, et le pain plus qu'au double des années ordinaires. Cette cruelle position leur a enlevé, plus qu'ailleurs, les moyens d'existence ; et, plus qu'ailleurs aussi, le *déficit* dans les recettes publiques en a été le funeste résultat.

Nous ne saurions donc pas élever trop haut nos accens, pour avertir le gouvernement de la nécessité où il est, de donner la plus grande attention aux moyens d'assurer imperturbablement la subsistance de la nation. Ces moyens sont plus faciles à la France qu'à tout autre pays de l'Europe; car il a dû paraître extraordinaire chez les autres peuples, que nous eussions été exposés aux mêmes calamités qu'eux ; l'on regarde avec raison notre sol comme le plus fertile, comme celui dont la quantité des terres en culture est la plus nombreuse, relativement à notre population, quoiqu'une des plus considérables. Cependant l'évènement n'a que trop fait connaître nos malheurs et notre imprévoyance.

Nous voulons, dans ce mémoire, essayer d'indiquer ce qu'indépendamment d'une bonne compagnie de subsistance, on pourrait faire pour se prémunir contre le danger de nouvelles calamités publiques ; c'est-à-dire, en d'autres termes, pour prévenir le surhaussement du prix du pain en France.

Nous comptions n'avoir pas à nous occuper de ce travail ; nous devions nous attendre à voir paraître, de la part de l'administration publique, un plan qui a été annoncé dès le mois d'août dernier, sur l'objet que nous allons traiter. Nous nous livrons à cet ouvrage parce que l'administration publique n'a encore rien fait connaître du sien.

A tant d'époques différentes on a parlé de greniers d'abondance, sans jamais rien faire de sérieux pour réaliser ce moyen, qu'il est permis de revenir sur cette idée. Tâchons, une bonne fois, de nous en occuper; n'attendons pas de nouvelles crises pour nous contenter d'en parler encore; car ce n'est que dans une situation désespérante, qu'on a invoqué ce remède salutaire, et presque jamais lorsque des circonstances favorables l'eussent rendu praticable sans embarras et sans sacrifices.

Nous convenons qu'aujourd'hui il serait plus difficile que dans des tems plus prospères; mais enfin on peut l'employer, sinon d'après de vastes vues, au moins autant que nos ressources actuelles le permettent.

Consacrons légalement ce principe, et puis commençons à marcher ou seulement à ramper; nos forces revenant dans toute leur plénitude, nous agirons avec une grande étendue.

Nous proposons une régie intéressée pour assurer la subsistance des villes principales du royaume.

Elle se composerait de sept régisseurs, tous

égaux entr'eux ; la présidence serait annuelle ; chaque année elle se ferait au scrutin.

Deux régisseurs, également désignés par le sort, pour la première année, feraient des tournées. Ils rentreraient et seraient remplacés par deux autres.

Leurs bureaux se formeraient d'employés choisis par eux.

Le ministre de l'intérieur aurait la haute surveillance de la régie.

Le Gouvernement nommerait un commissaire près d'elle.

Chaque préfet surveillerait les opérations.

La régie aurait au chef-lieu de chaque préfecture un agent principal. La régie se chargerait d'assurer, dans chaque ville, un approvisionnement égal à la consommation probable de ses habitans, pendant quatre mois.

Elle serait autorisée à former le premier approvisionnement, *seulement*, en grains de l'étranger.

Elle vendrait concurremment avec le commerce,

A mesure des ventes, elle serait tenue de remplacer par des denrées achetées en France, de manière que l'approvisionnement fût toujours le même.

Dans le cas où, par des circonstances impérieuses, les grains viendraient à excéder, sur les marchés, un *maximum* qui serait fixé pour chaque département, la régie s'engagerait de vendre les siens sans pouvoir excéder ce *maximum*.

Cette obligation lui serait imposée par forme de peine, pour n'avoir pas prévenu le surhaussement.

Il serait aussi fixé un *minimum* de prix au dessous duquel elle ne pourrait pas vendre; mais, dans ce cas, elle serait autorisée à exporter les grains de ses magasins, et seulement jusqu'à concurrence de son approvisionnement, sous l'obligation de rétablir, dans ses dépôts et successivement les mêmes quantités sorties.

Il lui serait passé un traité de douze et au moins de neuf années consécutives.

Elle serait tenue, quels que soient les évènemens, d'exporter, dans le cours de son bail, une quantité au moins égale à celle qui aurait été importée.

Les villes seraient autorisées à émettre des obligations, pour une somme égale à celle de l'estimation des grains mis dans leurs magasins.

Ces obligations ne seraient livrées à la régie qu'au *prorata* des approvisionnemens effectués.

Les obligations porteraient un intérêt de 6 pour o/o, payable de 6 en 6 mois.

Indépendamment de cet intérêt de 6 pour o/o,

les porteurs recevraient, à la fin de chaque année, une part proportionnelle dans les bénéfices de la régie.

Les bénéfices obtenus dans tous les départemens, seraient cumulés; au moyen de quoi, le dividende serait le même pour chacun, et toujours dans la proportion des obligations émises.

Ces bénéfices seraient répartis;

SAVOIR :

Pour les villes. 6/15

Pour les actionnaires. 5/15

Pour la régie. 4/15

Chaque ville désignerait un membre de son conseil municipal, pour assister au comité, où toutes les opérations de la régie seraient arrêtées.

Dans chaque comité l'on réglerait, par un tarif, le prix du pain pour chaque ville.

On ferait un prélèvement sur les bénéfices pour couvrir les pertes. Sur ceux de chaque année, il serait retenu 6/15 du bénéfice des villes, et 4/15 de celui de la régie, et ce jusqu'à concurrence du douzième de la valeur totale des obligations.

A la fin du traité, chaque partie contribuable retirerait sa mise proportionnelle.

La régie s'engagerait de fournir un cautionnement pour la garantie de ses engagemens, et notamment des avances auxquelles elle serait tenue.

La régie s'imposerait la condition de verser, soit à la banque de France, soit entre les mains des banquiers qui seraient désignés, toutes les valeurs qui lui rentreraient, savoir : les obligations des villes, les fonds provenant des recettes. C'est aussi par eux que se feraient les payemens des grains achetés et les dépenses administratives.

La banque ou les banquiers assigneraient, dans chaque département, les correspondans qui agiraient pour eux.

On a vu les bases principales du plan ; il serait superflu d'entrer, dès à présent, dans tous les détails d'une organisation complète du service.

On aurait pu, comme par le premier projet que nous avions présenté, proposer la fixation invariable du prix du pain pendant le cours du traité ; mais nous ne nous étions occupés que de la seule ville de Paris. On conçoit qu'embrassant toutes les villes principales du royaume, une fixation unique, pour toutes, n'eût pas été juste ni raisonnable.

Il y a des contrées fertiles et d'autres qui ne le sont pas ; dans les premières le pain a toujours été moins cher que dans les autres ; il varie suivant le taux des grains. Il faut que chacun jouisse des avantages de sa position territoriale.

On nous avait conseillé de proposer pour chaque département, une administration particulière, et qui n'aurait rien eu de commun avec les autres ; mais nous avons dû examiner les conséquences de cette mesure ; il s'en est offert de très-graves : la plus décisive viendrait de la concurrence inévitable dans les achats.

Les départemens qui ne retirent de leur sol qu'une partie des alimens nécessaires à leur consommation, recevraient une dure loi de leurs voisins mieux partagés. Sur cette objection, on nous a fait observer que de tout tems chaque département avait pourvu à ses ressources, et qu'il pourrait continuer de même.

Nous convenons qu'en laissant à chacun la faculté de se procurer ses moyens de subsistance, on se retrouverait dans la même position que celle du passé; mais alors il faut courir les mêmes chances, et se confier aux seuls mouvemens du commerce. Il faut renoncer à l'idée d'avoir des approvisionnemens de réserve. Si on veut en avoir, il faut les créer; et, pour les réaliser, on s'expose aux suites d'une rivalité dont les effets ne peuvent se calculer.

Nous devons donc reproduire ici les réflexions que nous avons faites sur la différence de notre position actuelle, d'avec celle où l'on était avant la révolution. Le commerce reçoit la loi des cultivateurs, et il la leur faisait; l'aisance et même la richesse dont ils jouissent les rend presque maîtres absolus des prix.

Un commerce partiel ne peut rien contre leurs spéculations déraisonnables; il faut lui opposer des moyens plus forts.

On a dû juger qu'on ne prétend pas les forcer à des conditions ruineuses; on cherche un juste milieu entre l'excessive avidité et les ménagemens dus à la classe souffrante des consommateurs.

Ils ne pourront pas craindre que les prix baissent trop. Ils trouveront toujours dans ceux que la régie soutiendra, un bénéfice suffisant; mais s'ils ont à perdre dans un cas, ils n'ont pas à redouter l'effet d'un relâchement trop sensible dans le prix.

La régie connaissant toujours l'étendue des ressources, fera en sorte d'y faire proportionner le prix des grains.

Il est aussi fort juste, quand il y a une récolte abondante, que le peuple s'en ressente, en payant le pain moins cher. Si le fermier jouit d'une moisson qui lui assure le double des récoltes ordinaires, il peut supporter une baisse dans le prix des grains. Cependant elle ne serait pas telle qu'il pourrait la craindre, si toutes nos ressources restaient stationnaires parmi nous. On préviendrait cet abus par des permissions que le gouvernement accorderait, d'exporter ce que l'on aurait au dela de ses besoins, et d'une réserve raisonnable.

Nous avons à examiner quelle pourrait être l'étendue des approvisionnemens des villes pour le tems que nous avons limité. Quatre mois ne font que le tiers d'une année; cette réserve suffira-t-elle? nous le pensons.

Nous avons cru suffisant de former des approvisionnemens dans les villes principales.

Cette limitation ne pourrait pas exclure les villes de moindre ordre, de la demande d'y participer.

En étendant davantage l'approvisionnement, il faudrait augmenter la valeur des obligations; les ressources doivent être diminuées partout, après les malheurs que l'on vient d'éprouver. Il faut y avoir égard.

En supposant que la demande d'un approvisionnement s'élève, pour chaque département, à 50,000 ames à faire subsister pendant 4 mois; et en fixant ensuite une livre de pain par jour pour chaque habitant de tout âge et de tout sexe, on aurait environ 50,000 livres de grains à amasser pour chaque jour; ou ce qui reviendrait au même 500 quintaux, et pour les quatre mois composés de cent-vingt-jours, il faudrait que l'approvisionnement entier fût de 60,000 quintaux.

C'est déjà une forte masse de grains ; elle exigerait une avance de plus d'un million au prix actuel.

On conçoit que cette proportion de 50,000 habitans, par département, pour concourir à la formation de la réserve, n'est qu'hypothétique. On pourrait cependant la fixer approximativement ; mais cette opération n'est pas encore nécessaire.

La ville de Paris, à elle seule, aurait environ le quatorzième de l'approvisionnement total, par sa population de 700,000 habitans ; mais combien y a-t-il de départemens où l'on aurait à peine 15 à 20,000 ames par la réunion des villes les plus peuplées !

On voit qu'il y aurait une valeur espèce de près de 80 millions de grains en réserve sur toute la surface de la France ; cependant ce ne serait encore que pour l'approvisionnement de quatre millions d'habitans.

Ce serait, sans doute, assez pour assurer la tranquillité publique.

Que l'on juge maintenant combien l'on aurait eu de peine, même dans les tems les plus prospères, à réaliser les plans que l'on a soumis à plusieurs époques ; on parlait d'avoir une année d'avance pour toute la population ; la nation se serait obérée par les frais de construction des greniers d'abondance. Où aurait-on trouvé tout l'argent nécessaire, pour payer de si énormes masses de grains ? Il aurait fallu mettre en mouvement tous les moyens de transport, et encore n'y eût-on pas suffi. En exerçant sa pensée sur toutes les autres conséquences, on juge facilement que de tels projets ne pouvaient être enfantés que par le délire.

La France n'a pas besoin de réserves aussi étendues ; il ne lui en faut que de médiocres. L'épreuve que l'on vient de faire, nous en donne la mesure. On est assez d'accord que, depuis plus d'un siècle, nous n'avons pas eu une année aussi affreuse sous le rapport des récoltes ; il doit être facile de récapituler les quantités de grains et de farines qui ont été tirées de l'étranger depuis la fin de 1816 jusqu'à présent. Il est très-probable qu'elles n'excèdent pas une valeur de 100 millions.

Une partie des grains importés n'était pas employée, lorsque la moisson dernière nous a offert ses ressources.

Nous pouvons donc conclure qu'en formant une réserve, telle que nous l'avons fixée, nos craintes n'auront plus de fondement raisonnable.

On a toujours dit et répété que la France, dans une bonne année, produisait le double de ses besoins. Si ce calcul était vrai, nous serions bien coupables de nous être laissé tomber dans l'état de crise où nous étions de 1816 à 1817.

On compte peu de mauvaises récoltes en France, beaucoup de moyennes, et une abondante sur 5 à 6 années.

Il est très-rare qu'une année soit mauvaise, au point de ne pas produire assez pour la consommation nécessaire.

Quand la France, avec le même territoire qu'aujourd'hui, ne comptait sa population que de vingt millions, on y cultivait, sans doute, moins de terres qu'aujourd'hui, ou elles étaient moins bien cultivées.

Nous savons qu'il y a eu de grands défrichemens depuis 30 ans; on ne peut pas ignorer que la subdivision des terres, par l'effet de la révolution, a considérablement multiplié les propriétaires. Par cette subdivision et par un plus grand nombre de propriétaires, il y a eu plus de mariages, plus d'habitans, plus de cultures.

Les enfans nés meurent en moindre nombre, à cause de la vaccine.

Avec tant d'élémens qui subsistent et qui prennent chaque année plus de force, pouvons-nous prévoir ce que sera notre population dans 20 ans?

Il faut donc que notre agriculture s'étende, et pour qu'elle s'étende, il faut la protéger.

Par un système de régie tel que nous le proposons, nous saurons chaque année ce que les récoltes produiront; nous connaîtrons nos besoins et nos ressources.

Nous ne laisserons pas nos greniers trop pleins, ni trop vides, nos prix trop élevés ni trop bas.

La régie n'agira pas d'après ses seules inspirations; l'intérêt du gouvernement s'y oppose; mais l'intérêt du peuple s'y oppose plus fortement encore.

Ses opérations, combinées chaque jour dans son cabinet, seront soumises à l'examen des commissaires et du ministre. Elle aura, pour chaque département, dans la personne du préfet, un agent supérieur qui ne permettrait pas qu'elle fît rien de contraire à la liberté du commerce ni à la sûreté publique.

Dans chaque ville se trouvera un délégué du conseil municipal qui observera tout et qui avertirait l'autorité supérieure, si la régie contrevenait à ses engagemens.

Devons-nous montrer ce qu'un tel système d'approvisionnement offrirait d'avantages au gouvernement, sous des rapports politiques? Il semble que ces détails ne pourraient point nuire à l'adoption du projet.

Sans doute que toutes les places fortes seraient du nombre de celles qui jouiraient de l'approvisionnement: que l'on soit dans l'obligation de jeter, sans délai, dans les magasins de ces villes, les quantités de grains que réclameraient des sièges dont on serait menacé, elles auraient déjà une subsistance assurée pour quatre mois; mais cette ressource n'étant pas suffisante, il serait bien facile d'obtenir le complément, par des versemens des villes les plus à proximité.

Ce serait une avance que l'on ferait au gouvernement; il serait obligé, sans cela, d'y pourvoir: et, pour y parvenir aussi promptement que les circonstances pourraient le requérir, il faudrait qu'il fît de grands sacrifices.

On n'ignore pas que quand ces besoins sont très-urgens, les denrées augmentent à l'infini, et qu'à tout prix il faut acheter.

Le gouvernement aurait donc, par ce moyen, tout ce qu'il lui faudrait sans autre augmentation de frais que ceux de transport; ce qui ne serait pas un objet de grande conséquence.

Les villes qui auraient dégarni leurs magasins, pour aider les places de guerre, ne seraient pas obligées de mettre beaucoup de précipitation pour le remplacement: la régie y pourvoirait facilement, au moyen des valeurs qui lui auraient été payées par le gouvernement.

Ces différentes opérations n'apporteraient aucun changement dans le commerce intérieur des grains; les prix ne hausseraient pas, comme cela arrivait presque toujours dans de semblables circonstances.

Une ville ne pourrait donc jamais être surprise, sans un approvisionnement. L'ennemi qui pénètre presque toujours les ressources d'une place qu'il veut attaquer, a beaucoup moins de confiance quand il sait que ses vivres sont assurés. Le plus souvent les villes se rendaient, parce que les moyens de subsister manquaient, ou parce que l'on en avait trop peu.

Quel est le malheur des contrées qui environnent des places attaquées ? A-t-on besoin de mettre ce tableau sous les yeux ? Lorsqu'un acte de prévoyance peut suffire pour en épargner les horreurs, n'est-on pas coupable de le négliger ? Cependant ces exemples n'ont été que trop fréquens.

N'insistons donc pas trop sur les preuves que nous offrons; elles doivent suffire à tout lecteur qui, par sa propre expérience, est à portée de les embrasser toutes.

Mais nous en avons à produire, qui pourront paraître d'une importance beaucoup plus générale.

Toutes les villes populeuses jouissant d'un approvisionnement, verront dans ces ressources leur bonheur, leur tranquillité. Ce sera, pour chacune, l'arche sainte; elles voudront le défendre. Telle ville qui n'a point de remparts, en verra dans le courage de ses habitans.

Dans d'autres circonstances, telles qu'il s'en est

offert trop souvent, c'est par le prétexte de manque de pain ou de son excessive cherté, que les séditieux ont toujours égaré le peuple trop crédule. La tranquillité, la sûreté même de l'État a été compromise.

Les vrais citoyens, les propriétaires honnêtes et paisibles ont été souvent victimes de ces manœuvres..Il ne fallait que quelques brouillons dans une ville pour en produire le bouleversement.

Assurez la subsistance des départemens, et surtout dans les lieux où se trouve une grande population; vous êtes certain de les rendre exempts de tumulte et de séditions alarmantes.

Les mœurs, la religion vont bien plus sûrement à leur triomphe, lorsque vous donnez au peuple des moyens faciles de vivre, qu'en le prêchant ou en lui faisant peur. Il ne faut plus d'efforts pour le persuader, quand vous êtes parvenu à le convaincre qu'il ne manquera pas de pain. C'est alors que vous insinuez facilement dans les ames les douceurs de la morale et de la religion.

Nous ne donnons pas notre projet comme le meilleur moyen qui puisse se trouver ; il est au moins ce que nous avons aperçu de mieux. Nous ne serons pas jaloux d'en voir paraître un qui soit d'une exécution plus facile et plus avantageuse au peuple.

Nous montrons dans le nôtre une ressource

permanente qui n'est qu'une fraction de nos besoins généraux ; mais, malgré sa modicité, elle frappe la vue agréablement, elle inspire de la confiance, elle donne de la tranquillité.

Nous ne doutons pas qu'auparavant il n'y ait toujours eu en France, dans les divers et nombreux dépôts du commerce, beaucoup plus de grains destinés aux besoins publics, qu'il ne s'en trouverait dans nos magasins de réserve; mais leur subdivision, mais les intentions qui les faisaient mouvoir, n'avaient pas et ne pouvaient pas avoir cette unité d'action, ces principes de mouvement qui constituent le mérite de notre plan.

Notre régie ne peut pas être accusée de monopole. Les villes y sont intéressées ; le gouvernement tient dans sa main une partie des ressorts; chaque préfet voit ce qui s'y passe. On peut tendre ou détendre l'arc, selon les ondulations du commerce et de l'agriculture.

Nous ne devons peut-être pas douter que ce projet ne plaise au gouvernement; qu'il ne s'y intéresse lui-même, et qu'il ne forme une commission pour l'examiner.

Nous l'avons mis sous les yeux de quelques personnes versées dans ce genre de service. Elles n'y ont rien trouvé de dangereux pour la chose publique; rien qui pût jeter du soupçon sur la conduite de la régie; rien qui ne fût favorable au peuple.

Mais nous devons dire avec franchise, qu'elles nous ont observé que, dans le dénûment actuel des départemens sous le rapports des facultés pécuniaires, il serait peut-être difficile de réunir toutes les ressources dont on aurait besoin pour former le contingent des actions; que d'ailleurs la confiance ne s'acquérait chez les capitalistes que par un tableau frappant des avantages de l'opération; que ces avantages, selon notre système, n'étaient pas suffisamment démontrés; qu'ayant à lutter avec le commerce pour fixer le prix des grains, il pourrait se trouver des mécomptes au préjudice de la régie.

Cependant ces mêmes personnes n'ont pas pu disconvenir qu'au moyen de l'unité d'action dans toute la France, on se verrait toujours assez maître de l'affaire, pour pondérer la fixation du prix des grains selon l'étendue proportionnelle des récoltes de chaque année.

Ce n'est en effet que cette dernière vue qui nous a inspiré la confiance d'un succès certain; l'expérience nous en a démontré l'infaillibilité.

Quant à l'usage de ce moyen, il serait impossible à la régie d'en abuser. Elle ne pourrait pas étendre ses bénéfices au dela d'une limite raisonnable, sans être arrêtée par les autorités surveillantes.

Un des avantages sensibles de cette forme de

régie, résulterait de la disposition qui accorde aux villes la plus forte portion dans les bénéfices. Cette considération est bien importante aujourd'hui qu'elles ont toutes un si grand besoin de ressources extraordinaires.

Les bénéfices dans cette opération naîtraient moins de la hausse donnée aux grains dans le cours d'une même année, que du produit de la vente de ceux achetés à bas prix dans une année précédente, et vendus plus cher l'année suivante ; car il serait sans doute permis à la régie d'augmenter dans une année favorable, la proportion de l'approvisionnement indiquée par le traité ; si on l'a limitée au tiers des besoins d'une année, ce n'est que par prévoyance que l'on ne pourrait pas faire plus dans les circonstances.

Nous allons maintenant présenter un résumé de ce mémoire.

Notre premier objet se rapporte à la fourniture de la subsistance aux troupes, de la part d'une compagnie semblable à celle qui existait avant la révolution.

Nous disons, et l'expérience prouve que ce mode de fourniture est le meilleur de tous.

Nous observons qu'une telle société bien composée, pourrait rendre à la chose publique de grands services par son influence salutaire sur les prix des grains dans les marchés.

Que cette société, si elle eût été en exercice, lors- de la crise qui nous menaçait en 1816, eût pu, seule, aidée de quelques secours de la part du gouvernement, atténuer considérablement la misère publique; qu'elle n'eût pas attendu que les prix fussent exorbitament élevés dans toute la France pour se créer des ressources; qu'elle eût prévenu les manœuvres qui ont fait hausser les grains; que sans arrêter le danger en totalité, elle eût pu le diminuer beauconp. Que si l'on voulait s'assurer mienx encore de l'influence d'une telle société, on pourrait pour ce service, la faire régir de compte à demi avec le gouvernement.

Que le comité des subsistances, que la commission de réserve n'ont pas pu atteindre au même but.

Le premier se compose de fonctionnaires, de conseillers d'état qui, la plupart, sont fixés par d'autres occupations; ils ne pouvaient pas donner à l'affaire des subsistances tout le temps qu'elle exigeait; il eût fallu que ce comité fût en permanence pendant toute la durée de la crise.

La commission faisait acheter par des maisons de commerce qui n'étaient pas responsables des achats. Il a fallu recevoir tout ce qui arrivait, sans moyen, sans possibilité de rejeter les parties avariées.

Nous le répéterons, un appel au commerce et la

certitude d'un fonds disponible eussent produit des effets plus certains, plus avantageux, et moins onéreux à l'État. La France eût vu en peu de mois l'abondance au lieu de la misère; et par l'état de ses ressources, elle eût pu venir au secours de la malheureuse Suisse, et peut-être encore d'autres voisins.

Les opérations de la commission de réserve, deviendront sans doute l'objet d'une discussion sérieuse à la Chambre; le peuple, qui a tant souffert, a besoin qu'on lui montre si ses privations ont été l'effet nécessaire, absolu, des circonstances. La société entière a le même intérêt; il a fallu des sacrifices pour venir au secours des départemens; l'extrême indigence a occasionné de grands vides dans le recouvrement des contributions : il va en résulter des surcharges sur les nouveaux rôles.

Nous aurons sans doute occasion de revenir sur le même objet, et de fournir de nouveaux documens.

Passons au résumé du plan de traité pour les villes.

Il consiste à assurer dans chaque cité un peu populeuse, un approvisionnement de réserve, basé sur la proportion d'un tiers de la consommation d'une année.

Nous avons prouvé que cette ressource suffirait pour prévenir tout nouveau danger. L'on serait autorisé à tirer de l'étranger les grains formant la réserve de la première année.

Les denrées mises dans les magasins des villes, serviraient de garantie aux actionnaires.

Les villes seraient intéressées dans les bénéfices sans obligation de faire des avances, et seulement sous la condition d'émettre des obligations avec l'autorisation de l'autorité supérieure.

Les actionnaires, indépendamment de l'intérêt de 6 pour o/o, auraient la perspective de toucher une part dans les bénéfices des opérations.

La régie s'est réservé la moindre portion dans ces bénéfices.

La régie ne fera aucune recette. Le produit des actions, celui de la vente, le tout sera versé à la banque de France ou entre les mains de ses correspondans dans les départemens.

Les intérêts des actions seront payés de 6 en 6 mois.

La régie aura un agent spécial dans chaque département.

Chaque ville aura ses commissaires pour surveiller les opérations.

Le préfet, dans chaque département, agira de concert avec l'agent de la régie.

La régie sera le point central de tout le service. Elle soumettra toutes ses opérations au ministre de l'intérieur et au commissaire du Roi. Cette régie, ainsi instituée, fera procéder, chaque année, par ses agens au recensement général de ses ressources en subsistances, département par département. Ce tableau sera mis, chaque année, sous les yeux du ministre de l'intérieur.

On n'aura plus d'incertitude sur l'étendue des récoltes, sur l'étendue des ressources. Cette connaissance deviendra la première pierre angulaire du service. On jugera de bonne heure du prix qu'aura le pain dans toute la France.

On saura quand il sera besoin de tirer des grains de l'étranger; mais on espère que ce besoin ne se fera plus sentir.

On connaîtra avec plus de plaisir les époques où, pour l'intérêt de l'agriculture, il faudra exporter une partie de notre superflu.

Quelle puissance d'opinion aura une telle régie, secondée par les préfets, par le ministre de l'intérieur, par le gouvernement! Elle pourra exercer une grande influence sur la culture. Par ses agens, elle connaîtra les ressources et les besoins de chaque département; ses produits territoriaux, les progrès plus ou moins sentis de l'agriculture, les lumières plus ou moins étendues dans cet art.

Avec un territoire comme celui de la France, presque partout fertile, on peut obtenir, chaque année, beaucoup au dela du nécessaire; chaque année on peut augmenter ses produits.

Une grande partie de nos grains pourrait devenir inutile à nos besoins, par l'extension de la culture des pommes de terre et d'autres substances légumineuses. Ils deviendraient l'objet d'un commerce national extérieur.

On sait qu'un arpent de terre, cultivé en grains, ne produit que pour la nourriture de deux hommes, tandis qu'un arpent fournira en pommes de terre à la subsistance de huit ou dix.

Dans les campagnes, c'est la nourriture la plus habituelle des enfans. Dans les villes, c'est aussi une ressource précieuse. Ceux qui n'ont pas d'autre aliment pendant le cours de l'année, jouissent constamment d'une bonne santé, sont robustes.

Pendant l'hiver et jusqu'au printems de 1816 à 1817, tous les indigens de Paris n'ont presque pas eu d'autre nourriture; a-t-on vu plus de maladies que pendant les autres années? les mêmes faits, les mêmes résultats ont eu lieu dans une grande partie de la France.

Où est donc la statue du célèbre Parmentier? où se trouve le monument qui doit éterniser le souvenir des services qu'il a rendus à sa patrie? Quand on le lui érigera, ce sera au Président de la Chambre des Députés à en poser la première pierre au nom de la nation reconnaissante. L'on en prodigue à ceux qui ravagent; l'histoire les préconise. Faisons quelque chose pour les bienfaiteurs du genre humain.

Observations générales.

Les subsistances du royaume ont été et seront encore long-tems un objet ignoré du Gouvernement, si l'on ne prend pas les mesures convenables pour en connaître, chaque année, l'effectif.

Nous n'entendons pas parler uniquement des grains; notre pensée embrasse tout ce qui sert à la nourriture de l'homme..

Il serait cependant bien facile au ministère, de connaître très-approximativement, département par département, et même arrondissement par arrondissement, la consistance réelle des denrées produites par chaque récolte, espèce par espèce.

Les maires, les juges-de-paix, les sous-préfets s'entendant ensemble, s'éclairant mutuellement, rempliraient sans embarras, sans éclat, les opérations dont nous parlons.

Il part, chaque année, du ministère une circulaire adressée aux préfets, par laquelle on leur demande ces renseignemens; mais l'ordre arrive presque toujours lorsque les récoltes sont faites, tandis qu'il devrait être parvenu avant leur rentrée; les moyens de vérification seraient beaucoup plus faciles et

plus surs. D'ailleurs cet ordre est transmis aux sous-préfets, qui l'adressent aux maires, auxquels l'on enjoint presque toujours de faire leurs remarques et d'envoyer leurs observations dans le plus court délai.

On connaît toute la légèreté avec laquelle ces renseignemens sont transmis.

Les préfets qui croient savoir quelque chose, ne savent rien, et c'est ce rien, paré de phrases belles et pompeuses, que l'on adresse au ministère.

Il est de fait qu'il n'y a pas un cultivateur intelligent qui ne sache, espèce par espèce, ce que les diverses récoltes de sa commune produisent en quantité relative. Il fait souvent la tournée du banc, non-seulement pour voir les progrès successifs des denrées qui l'intéressent, mais aussi pour juger de celles des autres. Elles ne sont pas encore à leur maturité, lorsqu'il peut préjuger de leur produit.

Les récoltes arrivent, elles se font; il en connaît l'étendue, d'abord des siennes, ensuite de celles des autres. Il sait que tel a remis tant de voitures de blé, tant d'orge, tant de seigle, etc.; que l'on a retiré des champs tant de sacs de pommes de terre et telle quantité d'autres végétaux.

Cet homme attentif connaît ce que chaque maison

de son village contient de denrées de tous les genres ; il peut en faire la récapitulation, et assurer que toute la commune possède les ressources indiquées par son tableau.

Voilà un exemple; il peut servir de règle pour juger du général.

L'art des recherches est poussé très-loin pour tous les objets qui pèsent sur la société, lorsqu'ils peuvent tourner à l'avantage du fisc ; il est fort négligé pour ceux qui intéressent le peuple agriculteur et le peuple consommateur.

L'on ne verra pas un commerçant en grains qui ne sache, commune par commune, ce que renferment toutes celles de la contrée dans laquelle il exerce l'activité de ses recherches. Il n'y a pas un sous-préfet qui en sache autant sur cette partie. L'un est intéressé à la chose ; l'autre n'y donne qu'une attention superficielle.

Si le gouvernement avait, chaque année, dans son portefeuille, des tableaux exacts des ressources effectives du royaume, département par département, il aurait un moyen puissant de diriger la répartition des subsistances. A l'aide d'une régie instituée pour fournir à la consommation générale, il saurait toujours ce que vaudrait le pain dans le cours de l'année qui suit.

L'on avait dans les départemens des sociétés

d'agriculture ; la plupart sont tombées en désuétude par la jalousie des préfets ou de leurs secrétaires-généraux. Ils voulaient toujours les présider, toujours les conduire à leur gré, toujours y dominer avec hauteur. Ils faisaient des sottises.

Les citoyens qui les composaient, presque tous grands propriétaires ou cultivateurs instruits, se sont fatigués des procédés incivils de ces fonctionnaires, et plus encore de leur ignorance.

La plus belle, la plus utile des institutions, la plus favorable aux progrès de l'agriculture et des arts, n'est plus comptée pour quelque chose.

Toute la France connaît les services éclatans rendus par ces sociétés pendant les premiers temps de leur établissement; alors l'on en sentait le besoin; elles étaient ménagées; c'est au moment d'en recueillir des fruits plus précieux, qu'un esprit de vertige s'est emparé de quelques têtes, et que l'on s'est hâté d'enchaîner leur zèle.

L'on compte peu de préfets qui aient réuni à l'amour du bien public, ces sentimens élevés qui font voir dans les hommes instruits, des collaborateurs dignes de partager avec eux la gloire des travaux utiles.

Si ces sociétés étaient partout ce qu'elles doivent être, elles rendraient les plus grands services a la chose publique ; par elles, tout ce qui est relatif à l'agriculture, serait éclairé ; par elles l'on verrait la plus noble émulation parmi les cultivateurs, pour propager les bonnes méthodes, les nouvelles découvertes.

De modiques sommes distribuées chaque année feraient faire des prodiges ; une médaille, un simple témoignage de satisfaction et de reconnaissance publique donneraient l'élan le plus prompt et le plus étendu aux progrès de la science ; l'on a vu des cultivateurs dépenser en essais plus de mille écus, pour jouir d'un arrêté par lequel une société consacrait leur éloge.

Nous n'avons pas besoin de citer ceux des préfets qui ont honoré leurs fonctions par le zèle pur qui les a animés dans cette carrière intéressante ; les journaux les ont fait assez connaître. Nous ne pouvons cependant pas nous refuser à en désigner un ; c'est M. Lezay de Marnezia, préfet à Coblentz, puis à Strasbourg, où il est mort. Il sera longtemps regretté dans les lieux où sa sage administration a laissé tant de traces de son génie et de son patriotisme. Culture, plantation, routes vicinales, écoles d'agriculture et de jardinage, toutes ces branches ont reçu en peu d'années un développement extraordinaire.

Que n'a-t-on en France huit ou dix préfets de cette trempe pour servir de modèles aux autres.

Si l'on voulait employer un million par année, pour encourager l'agriculture, ce serait placer un capital à gros intérêts; chaque département aurait moins de 12,000 fr. La part ne devrait pas être égale, puisque tous n'auraient pas les mêmes besoins; elle varierait suivant les localités.

Nous savons fort bien que les écoles de Paris ont à cet égard de grandes prétentions; elles se regardent comme suffisantes pour tout le royaume. Les sociétés départementales ne sont, à leurs yeux, que de simples écolières que l'on voudrait régenter la verge à la main.

On ne dispute pas aux premières la supériorité de lumières; mais est-il bien avéré qu'elles obtiennent la palme, quant à la science pratique?

En supposant que cela fût vrai, serait-ce une raison de compter toujours presque pour zéro les départemens, dans la distribution des avantages accordés pour l'encouragement de l'agriculture et des autres branches industrielles?

C'est à vous, Députés, à faire valoir les droits de vos constituans.

C'est dans ces écoles départementales bien dirigées, que se trouvera la mine de la véritable richesse territoriale, et nous pouvons ajouter de la richesse nationale. Tirons de nos terres tout le parti dont elles sont susceptibles, nous n'aurons point à craindre les mauvaises années : nous pourrons devenir l'entrepôt de ceux de nos voisins à qui la nature n'a pas départi un sol suffisamment fertile : voilà notre Pérou ; il est plus certain que celui de l'autre monde. Pour l'exploiter utilement, que demandons-nous ? la disposition d'une somme pour tout le royaume, qui n'est que l'équivalent des frais de construction d'une seule frégate ? Y a-t-il à balancer.

Un peuple qui touche à nos frontières, voit ce que nous faisons pour la culture de nos terres ; il trouve à cet égard une si grande différence entre lui et nous, qu'il se regarderait comme très-riche des seuls avantages que nous ne retirons pas, et qu'il saurait s'approprier en peu d'années.

Pourquoi ne pas citer l'Angleterre ? on sait qu'elle a dû la prospérité de son pays au seul acte de son gouvernement qui permettait l'exportation des grains : voir un tel exemple chez une nation qui avait un si modique territoire, et d'ailleurs des terres si rebelles à la culture, est une chose qui étonne l'imagination. Dès ce moment, on a vu chez elle des prodiges toujours croissans. Son génie a créé tous les ustensiles aratoires les plus propres à faciliter et accélérer les diverses cultures ; il a dérobé les secrets de la nature et de l'art pour

fixer, par des moyen inconnus, la fécondité des terres les plus ingrates, en appropriant à chaque sol les produits qui lui conviennent.

Voilà donc la science dont nous devons être le plus jaloux; elle doublera notre puissance et notre bonheur, et nous cesserons d'attendre ces bienfaits d'une ambition gigantesque, dont les prestiges nous ont constamment égarés.

PARIS, Imprimerie de DONDEY-DUPRÉ, rue St.-Louis, n°. 46, au Marais; et rue Neuve St.-Marc, n°. 10.

www.ingramcontent.com/pod-product-compliance
Ingram Content Group UK Ltd.
Pitfield, Milton Keynes, MK11 3LW, UK
UKHW022131260726
13993UKWH00003B/1371

9 782329 159768